94ᵉ ANNIVERSAIRE NATAL

DE

CHARLES FOURIER

BANQUET DU 7 AVRIL 1866

PARIS

LIBRAIRIE DES SCIENCES SOCIALES

13, RUE DES SAINTS-PÈRES

1866

IMPRIMERIE L. TOINON ET Ce, A SAINT-GERMAIN

94ᵉ ANNIVERSAIRE NATAL

DE

CHARLES FOURIER

> . . . En 1817, il y avait à l'Académie des sciences un Fourier célèbre, que la postérité a oublié, et, dans je ne sais quel grenier, un Fourier obscur, dont l'avenir se souviendra.
>
> (VICTOR HUGO, *les Misérables.*)

> Fourier nous dit : sors de la fange,
> Peuple en proie aux déceptions ;
> Travaille groupé par phalange
> Dans un cercle d'attractions.
> La terre, après tant de désastres,
> Forme avec le ciel un hymen ;
> Et la loi qui régit les astres
> Donne la paix au genre humain.
>
> (BÉRANGER, *les Fous.*)

Le samedi 7 avril 1866 a vu réunis, dans un vaste salon des *Vendanges de Bourgogne*, les disciples et amis de Charles Fourier, au nombre de plus de cent trente, attirés par leurs convictions et leurs sympathies, et empressés de rendre hommage à la mémoire du maître.

Nous avons remarqué la présence de la plupart de ceux qui, à une autre époque, ont pris la part la plus active au mouvement de l'école sociétaire. A côté d'eux étaient venus s'asseoir plusieurs jeunes hommes dont la présence témoigne que le progrès des idées phalanstériennes dans tous les rangs de la société, n'a pas cessé de s'opérer malgré l'absence des organes et des moyens qui, dans des temps plus favorables, faisaient de cette propagation une des manifestations les plus vigoureuses de l'opinion.

Une vingtaine de dames honoraient le banquet de leur gracieuse présence. Tout s'y est passé dans le plus grand ordre et avec une franche cordialité. Chacun s'est retiré avec l'intime satisfaction d'un devoir accompli envers l'un des grands bienfaiteurs de l'humanité et avec l'espérance de voir la doctrine de l'association intégrale formulée par Ch. Fourier marcher désormais d'un pas rapide et sûr vers les applications pratiques qui en démontreront la vérité mieux que les paroles les plus éloquentes.

En l'absence du vénérable M. Baudet-Dulary, le banquet a été présidé par un autre des plus anciens disciples de l'École sociétaire, le docteur Pellarin.

Au dessert, des toasts ont été portés par plusieurs convives. Le premier a été porté par le docteur Pellarin qui s'est exprimé ainsi :

Mesdames et Messieurs,

Je ne m'attendais pas à l'honneur de présider aujourd'hui le banquet du 7 avril, à titre de plus ancien dans l'école parmi les convives présents. Jusqu'au dernier moment nous avons espéré la venue de l'honorable M. Baudet-Dulary, qui fut, en 1832, le fondateur de la colonie de Condé-sur-Vesgre, et qui, à l'occasion de cette tentative, donna un si noble exemple de dévouement et de désintéressement. Lorsque, faute de concours, faute de ressources suffisantes, il fallut s'arrêter dans le cours des préparatifs, M. Dulary prit à sa charge toutes les dépenses et remboursa intégralement de ses deniers les souscripteurs, faisant ainsi à la bonne renommée et au maintien du crédit de l'école un sacrifice qui est pour elle comme pour lui un titre de gloire : une cause est honorée, en effet, par les dévouements qu'elle suscite encore plus que par les talents qui la servent. L'attachement persévérant de M. Dulary à l'idée sociétaire est la meilleure réfutation des bruits qui signalèrent alors le fait de Condé comme un échec décisif pour la doctrine de Fourier, et comme un démenti qu'elle aurait reçu de l'expérience. La vérité vraie, malgré tout ce qu'ont pu dire des entreprises de Condé-sur-Vesgre, de Cîteaux et du Texas, des gens mal informés ou des détracteurs systématiques, la vérité vraie est que la théorie sociétaire est vierge encore jusqu'à ce jour, et parfaitement vierge de toute vérification expérimentale.

En exprimant de nouveau mon regret de l'absence de M. Dulary, je porte, comme président du banquet, le toast à Fourier :

A Fourier, le plus grand des interprètes de la nature par sa conception intégrale de la loi universelle de la série !

Le plus sagace des philosophes par son analyse et sa synthèse de l'attraction passionnelle !

A Fourier, le révélateur de la destinée sociale de l'humanité !

Le rédempteur du prolétaire, de la femme et de l'enfant par le travail attrayant, le ménage sociétaire et l'éducation harmonienne!

A Fourier, enfin, l'architecte du bonheur sur la terre !

Puissent les plans conçus par son génie, ces merveilleux plans de régénération sociale par l'emploi de la série dans l'œuvre industrielle, recevoir de nos jours un commencement d'exécution ! Puisse l'utopie se changer bientôt en réalité bienfaisante, en fondations efficaces pour la délivrance du genre humain, pour le progrès pacifique et rapide, pour la concorde et la félicité générale !

Que l'anniversaire natal de notre maître soit pour nous l'occasion de protester, une fois encore, en faveur de son œuvre méconnue, ignorée. Quoi! nous verrons, l'une après l'autre, les générations du xixᵉ siècle passer inattentives et aveugles à côté de la doctrine, de la vraie, de la seule doctrine du salut social, pour courir après des chimères !... Et j'appelle ainsi toutes les tentatives de perfectionnement ou de redressement partiel d'un mécanisme essentiellement faux, tous les grands efforts ayant pour but d'améliorer, sans en changer la base, cet état de morcellement et d'incohérence qui perpétue fatalement l'iniquité, les discordes et la misère.

Aussi, mes visées à moi, je l'avoue, et mes aspirations sont autres : elles tendent, comme il y a trente ans, avec une foi que rien n'a pu ébranler, elles tendent toujours à l'essai sociétaire.

Vous connaissez tous, Messieurs, par souvenir classique ou autrement, la haineuse rengaine du vieux Caton, qui ne prenait jamais la parole dans le sénat romain sans conclure à son *delenda Carthago,* il faut raser Carthage. Eh bien ! dût-on trouver que je rabâche aussi à la façon des vieillards, je ne cesserai en toute circonstance et à tout propos, je ne cesserai de répéter : il faut fonder le phalanstère !

Mais comment nous y prendre, m'objectera-t-on, pour arriver à fonder le phalanstère ?

Eh ! Messieurs et chers condisciples, comme on fait, comme on a toujours fait, en ce monde, pour toute grande œuvre collective : il faut nous adresser à l'intelligence et au cœur des autres hommes, nos semblables. Nos semblables ! à ce titre, parce qu'ils sont nos semblables, n'ont-ils pas des intelligences faites comme les nôtres pour comprendre, des cœurs faits comme les nôtres pour sentir ? Celles-là pour comprendre la vérité sur la capitale question de la destinée humaine et sur les combinaisons sociales les plus propres à la réaliser ; ceux-ci (les cœurs) pour aspirer au but une fois qu'il aura été clairement aperçu par les yeux de l'esprit, pour battre dès lors à l'unisson des nôtres en faveur de la sainte cause de l'association, pour désirer avec la même ardeur et la même impatience que nous la transformation, — à l'avantage et pour le bien de tous, sans exception, — la transformation d'une société trop féconde, hélas ! en calamités publiques et en malheurs particuliers !

Pour moi, plus je me trouve en contact avec les misères sans nom de l'état actuel (et nul mieux que le médecin, que le médecin du pauvre, le médecin des bureaux de bienfaisance, n'est à même de voir ce qu'elles sont dans leur réalité navrante), plus j'éprouve le besoin de tourner mes regards vers les purs et brillants horizons qu'ouvre devant nous la théorie sociétaire ; plus j'ai besoin de vivre en idée dans ce monde de l'harmonie, duquel auront disparu à jamais les hideux fantômes dont l'aspect nous contriste et nous obsède. En regard du sombre et douloureux tableau des misères, des choquantes disparates, des conflits et des désordres de toute espèce qu'offre la société présente, n'hésitons pas à montrer, dans son harmonieux ensemble et dans sa splendeur, notre idéal à nous, le type de société que nous proposons de substituer, par voie d'essai méthodique, à ce chaos ténébreux dans lequel, sauf de rares exceptions, chaque être humain se débat, victime et bourreau tout ensemble. De grâce, amis, ne rayons pas le phalanstère de notre programme ; ce serait lui ôter sa raison d'être et tout son prestige.

Pour mon compte, c'est avec un profond regret que je verrais l'école sociétaire, sous prétexte d'impossibilité, renoncer à l'idée favorite, à la pensée constante de son fondateur, au projet d'une épreuve locale de l'organisation sériaire : premier exemple qui aura été donné, depuis que le monde existe, de l'emploi de la méthode expérimentale en sociologie.

Produire une hypothèse vraiment scientifique (et tel est éminemment le caractère de celle de Fourier, fondée d'une part sur l'observation la plus profonde qui ait jamais été faite de la nature passionnelle de l'homme, et, d'autre part, sur la connaissance intime, sur

l'appréciation la plus exacte des éléments fondamentaux de l'économie sociale et des conditions de leur fonctionnement) ; — produire,
disais-je, une hypothèse scientifique et en demander la vérification
aux faits, aux faits disposés, bien entendu, de façon à donner un
résultat qui la confirme ou qui la renverse, telle est la méthode qui
a surtout fait avancer les sciences, la physique, la chimie, la biolo-
gie, par exemple. Il s'agit de l'appliquer aujourd'hui, cette féconde
et précieuse méthode, à la science sociale elle-même ; et le phalanstère est le plus admirable *à priori* qui pût être conçu à cet effet.

Je le demande à quiconque en a étudié les dispositions, à vous
tous ici, par conséquent, Messieurs, le phalanstère ne vous apparaît-
il pas comme une combinaison vraiment logique et rationnelle, et
parfaitement praticable ? Ne semble-t-il pas qu'il n'y ait qu'à vouloir
pour que tous ces prodiges d'harmonie sociale deviennent, du jour
au lendemain, des réalités ?

Dès à présent, avant même qu'il ait une existence réelle, est-ce
que le phalanstère, le phalanstère vu en imagination, n'exerce pas
sur nos âmes une séduction irrésistible ? Nous, qui vivons déjà par
la pensée dans l'ordre combiné ; qui nous transportons en idée au
milieu des groupes et des séries d'une des phalanges de l'avenir ;
qui, en songeant au bonheur réservé à nos descendants, nous écrions
plus d'une fois : *O utinam ex vobis unus !* que ne suis-je l'un d'entre
vous ! n'est-il pas vrai que nous éprouvons, dans le milieu actuel,
ce que je nommerai la *nostalgie* du phalanstère ?

Eh bien ! rendons notre mal contagieux, et il peut le devenir ;
communiquons-le de proche en proche, insufflons-le, inoculons-le,
s'il le faut, à notre entourage, à tous ceux que le cours habituel ou
les hasards de la vie amènent à la portée de notre influence. Ah ! ne
laissons pas surtout s'éteindre entre nos mains le flambeau allumé
par le génie de Fourier ; transmettons-le, avant de disparaître, à de
jeunes successeurs qui sauront l'entretenir et le faire briller aux regards de la génération qui suivra la nôtre.

La préoccupation que j'exprime ici est celle de tous les anciens
disciples de Fourier qui survivent, de tous mes contemporains dans
l'école. « Pourquoi, m'écrivait encore hier mon ami le colonel Renaud, l'auteur de *Solidarité* (celle de toutes les publications phalanstériennes qui a eu le plus de vogue), pourquoi, quand nous restons
debout sur la brèche jusqu'à la fin, sans rien perdre de notre amour
pour la vérité, de notre foi dans l'avenir, pourquoi ne se montre-t-il

parmi les jeunes, personne qui soit prêt à relever le drapeau qu'il faudra bien enfin que nous laissions tomber. C'est là une de mes inquiétudes. » — Ah! levez-vous, jeunes hommes au cœur chaud et généreux : répondez à notre appel ; venez calmer ce souci anxieux des vétérans qui, s'ils voyaient à la tâche des continuateurs de leur œuvre, sentiraient avec moins de regret leurs forces défaillir et la vie leur échapper.

Que le prosélytisme se réveille donc ! C'est par lui qu'on peut former des convictions nouvelles, combler les vides que la mort a faits ou fera dans nos rangs, et les grossir enfin de recrues successives.

Lorsqu'un jour, — ce sera demain, dans quelques années, dans un quart de siècle ou plus, n'importe (la question de temps, d'une importance capitale pour l'individu, n'est rien ou est bien peu de chose pour l'espèce), — lorsque, dis-je, grâce à une propagande active, incessante, judicieuse et ardente à la fois, telle que la peut inspirer la ferme conviction d'une grande cause à servir ; lorsque, au lieu d'être, comme aujourd'hui, quelques individualités disséminées dans la masse, nous pourrons nous appeler *légion ;* quand notre amour, notre soif de l'association, quand notre impatient désir de la réaliser sera devenu une passion vraiment collective, une véritable opinion publique, oh! alors, croyez-le bien, les capitalistes, les ingénieurs, les hommes pratiques dans tous les genres viendront d'eux-mêmes offrir, apporter leur concours à la fondation des essais d'organisation sociétaire.

En attendant qu'ainsi il advienne, n'est-ce donc rien cependant, Messieurs et chers condisciples, n'est-ce rien, pour nous consoler des amertumes et de toutes les déceptions du présent, que d'avoir toujours au fond du cœur la plus magnifique espérance ; que de porter avec soi partout le poëme enchanteur de la destinée heureuse de l'humanité? Si le jour présent est pénible et sombre, est-ce que demain ne sera pas rayonnant d'allégresse ? Dussions-nous d'ailleurs ne pas voir l'avenir fortuné à l'enfantement duquel nous travaillons au milieu d'obstacles de toute sorte, est-ce que chacun de nous ne saura pas se dire au besoin, comme l'octogénaire de La Fontaine :

Mes neveux me devront cet ombrage?

Et puis nous, qui admettons l'universalité de la loi de la série, nous admettons, par conséquent, la série des existences de chaque âme individuelle ; nous ne pensons donc pas que tout doive finir

pour nous avec l'existence actuelle ; bien plus, nous croyons que
nous renaîtrons à la vie sur cette terre même, pour y prendre notre
part du bien que nous aurons préparé ou pour subir les chances
mauvaises que nous y aurons laissées à la condition sociale humaine.
Sur cette grande et ardue question, qu'il n'est pas plus possible d'é-
carter des préoccupations de l'esprit de l'homme qu'il ne l'est de la
résoudre positivement par la voie de l'expérience ou au moyen d'une
formule algébrique ; sur cette question de la continuité de l'existence
telle est notre manière de voir, à nous autres, disciples de Fourier ;
car ce ne serait pas sans une extrême injustice qu'on rangerait l'auteur de la *Théorie de l'Unité universelle* parmi ces économistes qui,
absorbés dans le culte exclusif de la matière, « ferment au peuple les
grands horizons de l'âme, de Dieu et de l'immortalité [1]. »

Mais à ce peuple il ouvre, lui Fourier, la féerique perspective du
travail *attrayant*. — Abomination de la désolation ! Il ose, l'impie et
téméraire Titan, s'insurger contre l'arrêt divin qui a fait du travail
un châtiment expiatoire. « Parce que (c'est le Seigneur-Dieu qui
parle à l'homme), parce que, *contre ma volonté*, tu as voulu jouir,
tu souffriras ; ton châtiment suivra ta faute ; tu mangeras ton pain à
la sueur de ton visage [2]. » — Mais le sultan oriental, qui motiverait
de la sorte une peine quelconque infligée au dernier de ses esclaves,
nous semblerait à tous aujourd'hui un despote arbitraire et cruel ;
et vous, prêtre du Christ, vous faites l'injure à la suprême sagesse,
à l'infinie bonté de lui imputer cette sentence de bon plaisir : Parce
que, contre ma volonté, tu as voulu jouir, autrement dit goûter au
fruit de l'arbre de la science, je te condamne, toi et toute ta postérité,
à un supplice sans fin ni trêve. — Étrange moyen de rehausser la
dignité du travail que de le représenter comme « le châtiment héré-
ditaire d'un crime de famille [3] ! »

En dépit d'un texte bien ou mal interprété (l'interprétation sauve
tout, témoin la rotation de la terre, car on a fini par lui permettre, sans

---

1. *Conférences de Notre-Dame de Paris*, en 1866, par le R. P. Félix, 1ʳᵉ conférence, p. 16.
Au bureau des études religieuses, historiques et littéraires, rue de Tournon, 15, et chez
A. Durand, rue Cujas, 7.

2. *Conférences de Notre-Dame de Paris*, 5ᵉ conférence, p. 6.

3. *Conférences de Notre-Dame de Paris, ibid.* — Par égard pour le sentiment des personnes qui voient dans la Bible une communication directe de Dieu à l'homme, je fais
observer que je ne m'attaque point ici au texte même de la Genèse, mais seulement à l'interprétation, à la traduction que le P. Félix a donnée d'un verset de ce texte, et aux
conséquences qu'il en a déduites contre l'idée du travail attrayant.

infraction à l'Écriture, de tourner autour du soleil) ; en dépit, dis-je, de l'assertion qui représente le travail comme une malédiction irré-vocable de Dieu sur l'homme, — j'en atteste ici le Dieu bon et puissant, ami de ses créatures, — oui, le travail, un jour, sera pour l'homme une fête et un plaisir ! Dieu n'a point fait le bonheur pour qu'il demeure exclusivement attaché aux choses futiles, pour qu'il soit le privilége d'un petit nombre d'oisifs qui en ont d'ailleurs l'apparence bien plus que la réalité. Il deviendra le lot de tous en se liant intimement, dans l'avenir, à l'activité utile et féconde, à l'œuvre de la production.

La jouissance ne sera pas seulement le prix mérité du travail accompli, elle se trouvera dans son accomplissement même. Il n'est donc pas à craindre que la satiété entraîne la torpeur et l'inertie du sauvage. Jouir et consommer n'est pas le but exclusif, la fin unique et dernière que nous assignons au travail. Source de tous les biens, le travail, sous ses diverses formes variées à l'infini, est le principal moyen de développement de toutes les puissances de l'homme. S'il doit toujours être un effort, c'est-à-dire un déploiement de force et d'énergie, le travail ne restera pas pour cela éternellement une peine.

Ici, permettez-moi de vous le dire, ô mon révérend Père, qui, du haut de la chaire métropolitaine, venez d'accabler, sous les traits de vos railleries et sous les foudres de vos anathèmes, le travail attrayant, vous avez, involontairement sans doute, vous avez, dis-je, déplacé la question et prêté aux disciples de Fourier, à ceux que vous appelez « quelques rares échappés du phalanstère fouriériste, » une pré-tention qu'ils n'ont jamais eue, celle de supprimer la difficulté, l'effort. Ce qu'ils se proposent, c'est tout simplement d'employer, de mettre en jeu des stimulants naturels, des ressorts animiques (ou passionnels si l'on veut), ressorts et stimulants qui, tout en décuplant l'énergie de l'effort, lui ôteront ce qu'il a de pénible. L'attrait dans le travail, loin de le frapper de stérilité, lui donnera une fécondité inouïe et le fera rechercher pour lui-même, indépendamment de ses résultats, comme on recherche naturellement le plaisir.

L'opposé de l'attrait dans le travail, ce n'est donc pas l'effort, c'est la répugnance. Les deux termes entre lesquels le débat s'agite, c'est, d'une part, le travail *répugnant*, de l'autre, le travail *attrayant*. Or, le premier a pour contre-poids nécessaire la contrainte : la contrainte *directe* exercée par le fouet du maître d'esclaves, comme dans les sociétés antiques, ou la contrainte *indirecte* de la faim, comme dans la civilisation moderne. Vous tenez pour le travail répugnant : ah ! ne nous parlez plus dès lors de la liberté, de la dignité du travailleur ; elles sont incompatibles avec la répugnance dans le travail. Il n'y a ni subterfuge ni faux-fuyant qui tienne, on n'est pas libre en réalité quand on est forcé de faire ce qu'on voudrait ne pas faire ; la dignité de l'ouvrier n'est pas sauve quand il attend du bon vouloir ou du calcul intéressé d'un autre homme ses moyens d'existence, l'occupation qui le fait vivre, lui et sa famille.

Ah ! laissez-nous prévoir d'autres et de meilleures conditions pour le travailleur. L'Association lui assurera un jour des occupations suivant ses goûts, ses aptitudes et ses forces ; lui procurera, au lieu du salaire, source d'antagonisme haineux, la répartition proportionnelle, principe de justice et d'accord ; elle montrera enfin cette merveille qu'il ne faut pas reléguer au rang des fables, bien qu'elle les dépasse en affluences de félicités pour l'homme, le travail attrayant qui résout d'emblée les problèmes posés par la question du travail aux sociétés modernes. Sous peine d'abdiquer leur prétention au titre de *démocraties*, ces sociétés ne peuvent souscrire au jugement qui condamne à l'avance le travail attrayant comme chose impossible et contraire aux vues de Dieu. Non, quoi qu'en disent les coryphées de l'économisme routinier ou même les oracles prétendus infaillibles des sanctuaires, non, le travail attrayant n'est pas un vain rêve, une idylle mensongère. L'Éden, l'âge d'or qui est devant nous, c'est lui, c'est le travail attrayant !

Il est le patrimoine que Fourier lègue à tous les déshérités de ce monde ; il sera le signal du ralliement de tous les scissionnaires sociaux à l'œuvre utile, à la pratique du bien et de la vertu. Dans les plis de son drapeau, plus entraînant cent fois que les bannières victorieuses d'aucun conquérant, il porte la démission générale et volontaire de tous les dignitaires de la paresse et de l'oisiveté. — Le travail attrayant ! c'est le trait d'union entre le riche et le pauvre ; c'est la fusion de toutes les classes, aujourd'hui encore séparées par des barrières infranchissables : oui infranchissables, si ce n'est pour quelques rares individualités qui prennent immédiatement les plus mauvais côtés de l'esprit de la classe à laquelle elles s'élèvent ou dans laquelle elles tombent. D'où le vieux proverbe qui trouve encore son application de nos jours :

> De noble apauvri Dieu me gard,
> Et de croquant passé richard !

Le travail attrayant ! laissez-moi le dire surtout aux démocrates sincères qui ne veulent pas que la sainte devise de notre révolution reste une lettre morte et un leurre; le travail attrayant, c'est la liberté, c'est l'égalité, c'est la fraternité véritable et réelle. Serait-ce là le secret motif pour lequel certaines gens ne veulent pas entendre parler du travail attrayant? Pour moi, quand je songe à tout ce qu'il y a là de germes précieux, d'infaillibles gages de concorde sociale et d'affectueuse confraternité, je ne comprends pas qu'aucun homme, ami de ses semblables, puisse rejeter sans examen cette magnifique promesse, cette perspective à ce point merveilleuse qu'elle a fait dire : « Ce serait trop beau ! non, cela n'est pas possible ! »

Pourquoi donc? Dieu, la nature, le principe, de quelque nom qu'on l'appelle, ordonnateur souverain des choses, peut se montrer indéfiniment prodigue : le fond duquel il tire les biens départis à ses créatures n'est-il pas inépuisable?

Encore un mot, et je me permets de l'adresser de nouveau à l'orateur sacré qui a traité naguère avec une élévation et une générosité de vues auxquelles je me plais à rendre justice, cette grande question du travail ; qui a stigmatisé notamment, comme un phalanstérien l'aurait pu faire et en des termes que notre ami Toussenel lui-même ne désavouerait pas, « les spéculations vraiment spoliatrices et la cupidité absorbante de cette féodalité nouvelle dont les aspirations sans limites pour la possession, à mesure qu'elles se développent en haut, font de plus en plus le vide en bas [1] ; » féodalité que Fourier voyait poindre et signalait déjà, il y a soixante ans; — vous donc, oserai-je dire au brillant organe de la parole évangélique, vous qui, dans un élan de chaleureuse éloquence, accusez et déplorez l'aveuglement de ces hommes qui, selon vous, ne comprennent pas, quant aux lois du travail, le secret des harmonies de Dieu, craignez de le méconnaître vous-même, cet admirable secret, en frappant, comme vous l'avez fait, d'une condamnation absolue la *Bonne nouvelle* du

1. 4ᵉ conférence, p. 20 et 21. Plus haut, à la page 7 de la même conférence, le prédicateur signale « comme la seconde cause générale qui a fait naître et grandir parmi nous le paupérisme, la formation rapide et l'ascension effrénée d'une aristocratie financière sans respect pour le christianisme, sans amour pour Dieu et sans entrailles pour l'humanité... Nous avons vu, s'écrie-t-il ailleurs, les débauches de l'industrialisme, les orgies du mercantilisme, les crimes et les scélératesses de l'agiotage s'étalant au soleil. Nous avons vu des richesses colossales s'élevant, à la honte de l'humanité, sur des ruines immenses; nous avons vu des opulences toutes composées de misères, et des félicités pleines de larmes faisant monter jusqu'au ciel les gémissements des pauvres et des petits. » *Ibid.*, p. 9.

travail attrayant ; ne vous exposez pas à renouveler contre un autre Galilée la sentence que Rome a eu tant sujet de regretter depuis deux siècles ; n'opposez pas le *veto* du ciel à la délivrance, au bonheur de la terre !

Une dame a proposé le toast suivant qui a été lu par M. Foucou.

A la prochaine réalisation du ménage coopératif qui nous permettra de fréquentes et nombreuses réunions dans lesquelles le *conviviat* sera comme aujourd'hui une communion spirituelle et matérielle !

Cet essai élémentaire et facile, indiqué par Fourier, sous le nom de *sérigerme* ou ménage *progressif*, et conduisant peu à peu à s'élever plus haut dans la science de l'association, pourrait, en effet, donner, dès à présent, divers résultats dont les principaux se résument ainsi :

1° Accroissement du bien-être matériel et moral ;

2° Moyen de vulgarisation théorique et pratique ;

3° Connaissance approximative des caractères et aptitudes des coopérateurs ; connaissance indispensable pour des applications plus larges de la théorie sériaire.

Je propose donc un *toast au ménage progressif ou coopératif* qui, tout en répondant à un désir général de bien-être et d'économie, deux choses de plus en plus difficiles à concilier dans le morcellement actuel, pourrait être encore, selon l'avis du maître et celui de plusieurs de ses disciples, le *nœud* de tout le *mouvement social*.

M. Lamarche, n'ayant pu assister au banquet, a envoyé le toast suivant pour être lu en son nom :

A LA SOLIDARITÉ, science providentielle par laquelle sont indissolublement unis, en chacun de nous, le corps, l'intelligence et l'âme, et par laquelle sont appelés à s'unir dans l'humanité les partisans, trop longtemps divisés, de toutes les religions et de toutes les philosophies !

A la Solidarité qui, substituant l'association à l'isolement et l'abondance à la misère, peut seule nous conduire tous à l'harmonie et au bonheur !

A Charles Fourier, son révélateur !

A Hippolyte Renaud, l'un de ses savants propagateurs !

(Applaudissements.)

M. JULES DUVAL :

A la prospérité de la Société agricole industrielle de Beauregard, à Vienne (Isère).

Mesdames et Messieurs,

Parmi nos amis et condisciples, il en est qui, résidant loin de **Paris**, ne peuvent prendre part à la propagande intellectuelle qui a dans cette ville son centre naturel, et qui ne peuvent non plus songer à tenter quelqu'une de ces grandes créations sociétaires dont notre président vient de vous montrer les brillantes perspectives. Cependant ces amis aiment le bien et le progrès, et veulent l'accomplir dans la mesure que leur permettent les circonstances locales et leurs ressources personnelles. A mon avis, ces amis ont droit à nos sympathies et à nos encouragements, dès que leurs œuvres réalisent, à un degré quelconque, le principe d'association, surtout quand elles le réalisent à un degré remarquable.

Telle est l'œuvre qui s'est fondée à Vienne, il y a une quinzaine d'années, sous le nom de *Société agricole de Beauregard*, et qui fonctionne depuis lors avec succès, sous la direction de deux hommes d'un grand cœur, le gérant, M. Rousset, et le président du conseil d'administration, M. le docteur Couturier. Les débuts de la Société furent difficiles ; elle a marché sans bruit, à pas lents, mais avec une invariable persévérance, vers son but qui est l'ASSOCIATION, sous les formes les plus variées. Elle possède déjà une fabrique de draps, un atelier d'apprêts, un magasin de charbon, un moulin à trois tournants, une boulangerie, une association alimentaire: elle a voté le prochain établissement d'une épicerie sociétaire et d'une bibliothèque avec cours publics; et toutes ces branches sont solidaires, reliées à une même administration par une même comptabilité. C'est déjà, par ces branches multipliées, une organisation des plus remarquables.

Mais ce qui donne à la Société de Beauregard son caractère distinctif et véritablement original, c'est l'acquisition, dès l'origine, d'une petite propriété, près de Vienne, de 6 hectares d'étendue, destinée à devenir le foyer de ralliement pour toutes les familles associées. A titre de maison de santé et de sevrage, elle reçoit les enfants des associés, pendant la semaine, au prix de 11 à 15 francs par mois ; ils y sont soignés et élevés dans d'admirables conditions de salubrité. Le dimanche, les pères et mères viennent les voir, et, réunis ensemble, ils se livrent ensemble à d'honnêtes distractions. Le jour de la fête patronale, à la Saint-Jean, les ouvriers de Beauregard invitent, dans leur maison de campagne, toutes les notabilités de la ville, qui s'y donnent rendez-vous. Une école a été instituée, depuis quelque temps, pour les enfants les plus âgés.

Certes, tout cela est bien rustique encore, bien embryonnaire, et je n'oserai dire que l'on y trouve des *bonnins* et des *bonnines*; mais il y a au moins des *chérubins* et des *chérubines*, qui y vivent au grand air, qui s'épanouissent joyeusement, qui reçoivent une éducation affectueuse, et sont dressés à de petits travaux d'horticulture et d'industrie rurale, de manière à fonctionner un jour habilement dans les groupes et les séries, quand viendra l'heure de les organiser. Le docteur Couturier, qui est l'âme de tout le mouvement, porte dans sa pensée la boussole directrice; et chacun de ses progrès, si peu que ce soit, se rapporte dans ses plans à l'idéal d'une commune sociétaire. (Vifs applaudissements.)

J'entends avec plaisir ces chaleureux applaudissements; qui constatent que vous vous associez aux efforts de notre cœur et à un sentiment qui est, chez moi, de bien vieille date. C'est que, en attendant l'avénement du plein phalanstère, qui peut se trouver relégué encore dans les horizons d'un avenir inconnu et lointain, nous devons tendre la main et coopérer à tous les progrès qui s'accomplissent autour de nous, pourvu qu'ils se développent dans le sein de nos aspirations. Là, nous ferons notre éducation pour des cœurs plus parfaits; à cette condition l'école, renaissante et influente, pourra s'appeler *Légion !*

Je vous propose donc avec confiance un toast : *à la prospérité de la société industrielle de Beauregard!*

Ce toast est accueilli par une double salve d'applaudissements.

Le Dʳ Barrier prononce les paroles suivantes :

Mesdames et Messieurs,

Votre empressement autour de ce banquet commémoratif prouve que la foi phalanstérienne n'est point éteinte dans vos cœurs. Refoulée en nous-mêmes et réduite au silence par le contre-coup d'événements qu'il m'est interdit de retracer et de juger, la pensée qui nous est commune semble enfin se ranimer et demander une expansion nouvelle. Cet engourdissement profond de notre école dont nous avons tous souffert, ne saurait se prolonger davantage; il faut que

la voix du devoir nous rappelle la mission imposée aux disciples de
Fourier. Il nous faut rentrer dans la lice et relever le drapeau de la
doctrine sociétaire.

Mais si le moment est venu de reprendre notre tâche longtemps et
tristement interrompue, ne nous abusons pas sur les difficultés qui
sont nées pour nous de nos revers passés et des conditions exté-
rieures auxquelles nous ne pouvons nous soustraire. Rien n'a sur-
vécu de l'organisme de notre école ; la source des moyens matériels
a été tarie par le souvenir des sacrifices accomplis à une autre époque, et l'isolement des individualités a amené un manque de cohé-
sion dans notre entente morale. Tous, quoique restés fidèles aux
mêmes principes généraux, nous avons obéi depuis quinze ans à des
tendances particulières dont la divergence apporte un obstacle au
rétablissement de notre unité pour une nouvelle action collective.

Si, comme je le crois, tel est l'état des esprits, sachons comprendre
cette situation et ne lui demandons que ce qu'il est possible d'en
faire sortir. En constatant que depuis plus d'un an et demi, c'est
presque en vain qu'un nouvel appel a été adressé aux disciples de
Fourier pour se rallier et travailler sérieusement à la recherche d'un
plan d'action approprié aux circonstances, je ne puis m'empêcher
de penser que nos aspirations immédiates doivent être aussi modestes
que prudentes. Animé plus que personne du désir de voir notre
école renaître et s'élancer avec vigueur sur la route de l'avenir, je
reconnais qu'il est difficile de donner satisfaction aux vœux de ceux
qui demandent une action décidée et énergique. Après bien des ré-
flexions, une seule chose me paraît possible et opportune, c'est la
préparation patiente et progressive des moyens d'action qui nous
manquent. Je viens donc vous proposer une chose simple, facile,
d'un résultat lent, mais sûr ; c'est-à-dire, non le rétablissement de
la rente, mais la constitution d'une *société de capitalisation*. C'est à
une institution de ce genre que le groupe sociétaire de Lyon a dû
de survivre à la dissolution de l'école et de maintenir un lieu matériel et moral entre ses membres. Après neuf ans d'existence, ce
groupe possède un fonds de plus de douze mille francs, destiné au
service de notre cause et qui continuera de s'accroître d'année en
année. Besançon est la seule ville qui ait imité Lyon. Mais en ce moment deux ou trois autres villes sont en voie de réaliser une organisation analogue. Il me semble impossible que Paris puisse reculer
plus longtemps et que vous refusiez de vous associer pour la plu-

part à l'initiative de quelques-uns d'entre nous qui ont dernièrement décidé la création à Paris d'une *Caisse centrale de capitalisation sociétaire.*

Je fais donc, Messieurs et amis, ce nouvel appel à nosconvictions, à votre dévouement, à vos sympathies. Que la célébration de cet anniversaire ne soit pas seulement un réveil éphémère de notre admiration et de notre reconnaissance pour l'homme de génie qui a révélé à l'humanité la loi du progrès et du bonheur; que cette fête soit l'occasion d'un nouvel effort qui ne restera pas stérile, qui légitimera nos espérances, et qui marquera enfin le dernier jour d'une période d'inertie dont une plus longue durée deviendrait un déshonneur pour le nom de notre maître et pour nous-mêmes !

Des signes d'adhésion et des applaudissements ont accueilli les propositions et les paroles du docteur Barrier.

Un convive, dans une courte improvisation, fait appel à la jeunesse et l'invite à s'occuper de l'étude des grandes questions sociales qui sont partout à l'ordre du jour.

L'orateur termine par ce toast très-sympathiquement accueilli :

AUX ENFANTS DES PHALANSTÉRIENS !

M. BARRAL propose un toast à l'*agriculture.*

L'agriculture, cette mère nourricière de l'État, qui en supporte les plus lourdes charges et fait sa principale force, nous offre spécialement, cette année, le triste et choquant contraste d'un redoublement de souffrance et de misère avec l'abondance des récoltes. Encore si l'avilissement des prix pour le producteur amenait un abaissement correspondant pour le consommateur. Hélas ! il n'en est rien. Dans les grandes villes, le prix du pain reste le même. A ce mal il n'y a qu'un remède : c'est l'association, ce principe nouveau de la société moderne qui n'aura nulle part des effets plus bienfaisants que dans l'exploitation du sol, en y faisant converger la puissance du capital, les efforts habilement combinés du travail et les lumières de la science.

A L'AGRICULTURE RÉGÉNÉRÉE PAR L'ASSOCIATION INTÉGRALE !

(Applaudissements.)

Toast du docteur A. de Bonnard.

A NOS DESCENDANTS.

Mesdames et Messieurs,

Il n'est personne parmi nous qui se fasse aujourd'hui illusion sur une réalisation prochaine de l'association domestique, agricole et industrielle dont Fourier nous a donné la loi.

Il y a bientôt quarante ans, alors que nous entendions pour la première fois la nouvelle révélation, nous fûmes saisis d'un saint enthousiasme ; il nous sembla que l'Humanité tout entière allait suivre nos pas et que nous devions atteindre, le soir même, le parvis éblouissant de l'harmonie universelle.

Le maître, enivré de sa propre conception, se trompait, et nous nous trompions avec lui. Il montrait par là que nul n'est infaillible, puisque, malgré ses profondes études analytiques, il commettait l'erreur de croire l'Humanité plus avancée qu'elle ne l'était réellement et disposée à acclamer d'une seule voix le nouvel ordre social dont on lui décrivait les splendeurs.

Pendant vingt ans, fidèle au rendez-vous qu'il avait donné au premier riche, noblement ambitieux, qui voudrait occuper sur le globe le poste d'honneur, notre maître quittait, sur l'heure de midi, ses modestes fonctions et se rendait à son domicile pour recevoir l'heureux et intelligent *candidat.*

Pendant vingt ans, il fut seul au rendez-vous.

Vous vous rappelez la parabole de l'Évangile : « Un riche avait invité ses amis à un banquet, mais ils ne vinrent pas. Après avoir vainement attendu, il dit à ses serviteurs : Allez de par la ville et amenez-moi tous ceux que vous rencontrerez ; car il ne faut pas que mes préparatifs soient perdus faute de convives. »

Ainsi aurait dû faire Ch. Fourier, ainsi devons-nous faire aujourd'hui, nous, ses disciples zélés.

Si le riche est sourd et aveugle, laissons-le dans sa surdité et dans son aveuglement. S'il se complaît dans les plaisirs isolés que lui donne sa richesse égoïste et si son esprit ne peut concevoir un idéal plus élevé que le chacun chez soi, chacun pour soi, ne nous attardons pas à guérir cet homme estropié dans son intelligence et dont le sens moral s'est affaibli. Allons de par les chemins et adressons-nous à tous. Et d'ailleurs, est-ce que le Peuple, celui qui produit tout, n'est pas le vrai riche, toute richesse dérivant de lui comme toute eau coulante dérive d'une source ?

Le Peuple, je vous en réponds, tenu éveillé par la douleur, et occupé, depuis le commencement des âges, à remplir le tonneau sans fond de la misère ; le peuple, qui gémit, qui jeûne et qui travaille, ce grand déshérité, ne sera ni sourd ni aveugle.

Voyez déjà : Sans avoir rien lu, mais guidé par son instinct, et semblable à l'animal enfermé dans sa cage, qui essaye, pour s'enfuir, les intervalles laissés entre les barreaux de sa prison, le peuple (celui des villes surtout, car il est le plus malheureux), balbutie les premières syllabes de la langue harmonienne et fait des tentatives d'associations rudimentaires, organismes transitoires destinés à disparaître, absorbés qu'ils seront un jour dans l'organisme supérieur qui s'appelle l'association intégrale, domestique, agricole et industrielle.

Mais, Messieurs, n'oublions pas que l'Humanité est à peine sortie des langes de la prime enfance. N'oublions pas qu'elle est encore plongée dans les limbes obscurs de l'ignorance ; ne nous étonnons pas si elle balbutie et se traîne au lieu de parler et de marcher.

Si l'homme, avant de naître, alors qu'il vit d'une vie d'emprunt, doit, dans une série de métamorphoses rapides, parcourir toute l'échelle organique depuis la plante rudimentaire jusqu'au quadrumane qui nous précède immédiatement dans la série animale, de même l'Humanité, avant d'arriver à l'harmonie, doit, dans ses formes sociales progressives, parcourir une série d'organisations qui ne sont pas sans analogie avec l'organisation des végétaux et des animaux répandus sur notre globe.

Est-ce que le sauvage de la Polynésie, immobile sur son île, n'est pas l'analogue de l'huître attachée à son rocher ?

Est-ce que le patriarche, si vanté par nos aïeux, à cause des vertus qu'il ne possède pas, et qui, le plus souvent, n'est qu'un détrousseur des voyageurs qu'il massacre, n'est pas l'analogue de l'aigle pillard, qui guette sa proie, perché au haut d'un rocher inaccessible ? N'a-t-il pas également de grands traits de ressemblance avec le lion, le tigre et toutes les mauvaises bêtes armées pour le carnage et la destruction ?

N'en est-il pas de même du barbare cruel et de l'agioteur moderne, chez lesquels se développent les mauvais instincts du vautour lâche et avide, qui n'ose s'attaquer à une proie vivante, mais attend, avec l'hyène, son congénère à quatre pattes, qu'elle soit tombée et qu'un commencement de putréfaction lui ait donné un certificat authentique de décès ?

En faisant une profonde étude de l'analogie, on pourrait déterminer au juste l'âge de l'humanité, bien mieux qu'en s'en rapportant aux traditions de l'Inde et de la Judée, sa fille cadette, et l'on reconnaîtrait que l'Humanité n'est pas encore dans la vie lumineuse à laquelle l'enfant arrive par la naissance.

Mais si nous ne sommes pas encore dans la vie supérieure, nous en approchons ; un faible crépuscule nous annonce l'aurore d'un jour nouveau.

Depuis quelque temps, la nature nous aide par des douleurs de plus en plus aiguës, de plus en plus rapprochées, qui annoncent une crise prochaine. Elle nous envoie des fléaux et nous flagelle impitoyablement pour stimuler nos efforts. Nos végétaux les plus précieux sont attaqués par d'invisibles champignons qui traînent la famine à leur suite. Nos animaux domestiques sont atteints de maladies contagieuses qui détruiraient les espèces si l'on ne se hâtait d'y porter remède. Le bœuf, ce travailleur docile qui nous nourrit de sa chair après avoir partagé nos labeurs et fécondé nos sillons, est atteint d'une terrible épizootie, causée par le manque de soins, dans des pays à moitié barbares, dont les habitants s'endorment dans l'insouciance et la fainéantise, comme si Dieu avait pour mission de veiller et de travailler pour eux. Le ver à soie, atteint dans son germe, disparaîtrait d'Europe si les régions d'où vient le soleil ne nous envoyaient de nouvelles légions de ces filateurs élégants. Le porc, ce type ignoble de l'homme repu, est dévoré par les parasites que ses mœurs hideuses ont développés dans sa viande grossière.

L'homme, lui-même, voit les progrès de son industrie tourner contre lui. Le paupérisme a depuis longtemps envahi l'atelier, et l'on peut appliquer à tous les peuples qui développent anarchiquement leur industrie ce que le père de Robert Peel disait de ses compatriotes quand il s'écriait douloureusement : « Jamais nation n'a autant travaillé et autant jeûné que la nation anglaise. »

Notre merveilleuse navigation à la vapeur, en même temps qu'elle transporte, avec une incroyable rapidité, nos produits dans les pays de l'extrême Orient et dans les régions où le soleil se couche, en rapporte, comme marchandise de retour, la peste, le typhus, le choléra et la fièvre jaune.

Nos chemins de fer, admirables organes de circulation, qui devraient faciliter sur terre la communion universelle, sont employés à transporter canons, bombes et mitraille. La mécanique, la physique et la chimie s'ingénient à créer des monstres marins, dont les côtes sont de fer, dont les muscles sont d'acier, qui sont couverts de cuirasses comme les crocodiles et portent un volcan dans leurs flancs redoutables. Ces monstres cyclopéens transpercent leurs adversaires avec une épée pesant plusieurs milliers de kilogrammes, analogue à celle dont la nature a armé l'espadon.

Une société qui emploie ses forces à produire de pareils engins de destruction, qui n'est préoccupée que de la création d'appareils devant ruiner, écraser, triturer ses adversaires, cette société est fatalement destinée à périr dans la douleur, si l'on ne hâte le jour de sa transformation.

Cependant, la force des choses, le *fatum* ou destin des anciens, ce dieu inexorable, plus puissant à lui seul que tous les dieux coalisés, dit à l'Humanité haletante : « Marche à travers les épines de la route, marche encore, marche toujours, jusqu'à la dernière étape. Là t'attend un avenir nouveau. Comme le Christ sortant du tombeau, tu renaîtras, mais transfigurée, heureuse, juste, savante et rayonnant d'une gloire immaculée.

Bien que la science sociale ait été enseignée à quelques-uns seulement, cependant elle s'impose à tous.

Aujourd'hui, on ne parle que du reboisement des montagnes, de l'endiguement de nos fleuves vagabonds, du desséchement des marais, de l'irrigation des plaines et des coteaux ; on coupe les isthmes pour joindre les océans ; on vient d'ouvrir une enquête sur les souffrances de l'agriculture, enquête qui préparera, mais de bien loin, l'association domestique, agricole et industrielle, véritable remède aux maux du laboureur, aux souffrances de l'ouvrier, au martyre de l'artiste et du penseur. On commence à comprendre qu'il est une loi suprême, une loi dictée par Dieu : LA SOLIDARITÉ UNIVERSELLE qui gouverne le monde, aujourd'hui dans le mal, demain dans le bien.

Ainsi, mes amis, semblable à l'aï, dont chaque pas est marqué par un gémissement, la civilisation s'avance péniblement sur le chemin qui conduit à la nouvelle Jérusalem. Nous, les ouvriers de la veille, comme Moïse, nous verrons de loin la terre promise, sans y entrer. Mais nos descendants, plus heureux, jouiront des splendeurs de cette harmonie que nous leur aurons préparée.

C'est pourquoi, buvons à nos descendants, et, pour nous consoler, écrions-nous comme Siméon : « Seigneur, j'ai assez vécu, puisqu'il m'a été donné d'entrevoir les premières lueurs du jour de votre éternelle justice ! ! !

Un ancien phalanstérien : — A nos amis absents.

L'orateur, d'une voix émue, rappelle le souvenir des Phalanstériens que des circonstances indépendantes de leur volonté ont empêchés d'assister à ce banquet fraternel, de ceux qui foulent encore le sol des pays étrangers ou qui ont quitté cette terre pour une vie meilleure, de tous ceux enfin qui ont travaillé à préparer le salut de l'humanité, en propageant la bonne nouvelle, en défendant la doctrine du Maître et en donnant l'exemple du dévouement et de la charité sociale.

Les membres de la réunion se sont séparés, emportant de cette fraternelle agape une foi plus ferme dans le succès de la sainte cause de l'association et un redoublement d'ardeur pour en propager les principes.

Les personnes qui voudraient faire partie de la Société dite : Caisse centrale de capitalisation sociétaire, peuvent s'adresser à M. Noirot, libraire des sciences sociales, rue des Saints-Pères, 13.

LIBRAIRIE DES SCIENCES SOCIALES

NOIROT ET CIE

RUE DES SAINTS-PÈRES, 13

Cinquante-deux de nos amis et deux sociétés de capitalisation, celle de Lyon et celle de Besançon, ont pris part à la souscription pour la Librairie, dont le capital social s'élève aujourd'hui à près de 50,000 fr.

Nous rappelons à nos condisciples que l'acte de société contient une clause qui permet d'augmenter ce capital, et nous engageons ceux qui voudraient coopérer à cette entreprise à nous faire connaître leurs intentions.

EN VENTE

Solidarité, par H. Renaud. 1 vol. in-12 (4ᵉ édition).................. 1 fr.

Essai critique sur la Philosophie, Lettre à Littré, par Ch. Pellarin. 1 vol. in-8°.. 5 fr.

Une véritable Cité ouvrière, le Familistère de Guise, par A. Oyon. 1 broch. in-8°.. 1 fr.

Les grands Mystères, par E. Nus. 1 vol. in-8°.................. 7 fr. 50

Critique et Conséquence des Principes de 1789, par le docteur Clavel. 1 vol. in-12.. 3 fr.

Progrès de la Littérature dramatique par le libre concours des auteurs nouveaux, par Julien Le Rousseau. 1 vol. in-12.................. 3 fr.

Doctrine de la Liberté, adresse aux évêques. 1 vol. in-8°.............. 2 fr.

Principes et Résumés de physiognomie, par le Dr Baudet-Dulary. 1 vol. in-8°... 4 fr.

Lettres sur les idées sociales et providentielles, par Médius. 1 vol. in-8°. 5 fr.

Les Dogmes nouveaux, par E. Nus. 1 vol. in-18........................ 3 fr.

La Philosophie de l'Oraison dominicale, par d'Espinassons. 1 vol. in-8°. 2 fr.

Toussenel. — *L'Esprit des bêtes.* 1 vol. in-8°. 6 fr. — *Le Monde des oiseaux.* 3 vol. in-8°... 18 fr.

Destinée de l'homme dans les Deux-Mondes, par H. Renaud. 1 vol. in 12. 2 fr.

La Marmite libératrice, par Gallus. 1 vol. in-12...................... 3 fr.

Du Désordre dans la science de l'homme et de l'humanité, par J.-M. Prevost. 1 vol. in-12.. 5 fr.

Ch. Sauvestre. — *Visite à Mettray.* 1 vol. in-18. 1 fr. 25. — *Lettres de province.* 1 vol. in-18. 2 fr. — *Mes Lundis.* 1 vol. in-18............ 3 fr.

Fourier, œuvres complètes. 6 vol. in-8°........................... 28 fr.